kip

hen

haan

rooster

kuiken

chick

eendje

duckling

kalkoen

turkey

ezel

donkey

zwaan

swan

kikker

frog

wasbeer

racoon

beer

bear

eekhoorn

squirrel

vlieg

fly

lieveheersbeestje

🇺🇸 **ladybug**
🇬🇧 **ladybird**

worm

worm

slak

snail

naaktslak

slug

bij

bee

spin

spider

kever

beetle

libel

dragonfly

leeuw

lion

zebra

zebra

giraffe

giraffe

neushoorn

rhinoceros

slang

snake

mug

mosquito

zeeschildpad

sea turtle

nijlpaard

hippopotamus

alligator

alligator

krokodil

crocodile

haai

shark

walrus

walrus

pinguïn

penguin

ijsbeer

polar bear

zeehond

seal

zeester

starfish

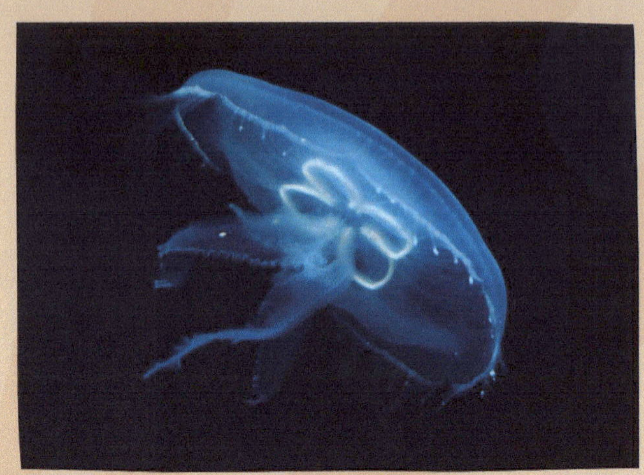

kwal

jellyfish

schelpen

seashells

veer

feather

11

elf

eleven

12

twaalf

twelve

13

dertien

thirteen

14

veertien

fourteen

15

vijftien

fifteen

16

zestien

sixteen

17

zeventien

seventeen

18

achttien

eighteen

19

negentien

nineteen

20

twintig

twenty

hart

heart

ovaal

oval

pijl

arrow

halve maan

crescent

boog

curve

spiraal

spiral

kruis

cross

zigzag

zigzag

regenboog

rainbow

donkere kleuren

lichte kleuren

stippen
dots

lijn
line

kort
short

lang
tall

een beetje

a little

heel veel

a lot

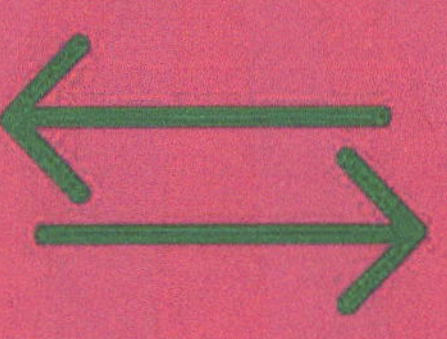

vol

full

leeg

empty

gekruld haar

curly hair

stijl haar

straight hair

accepteren

accept

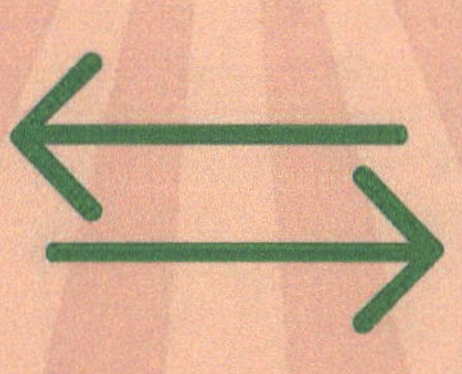

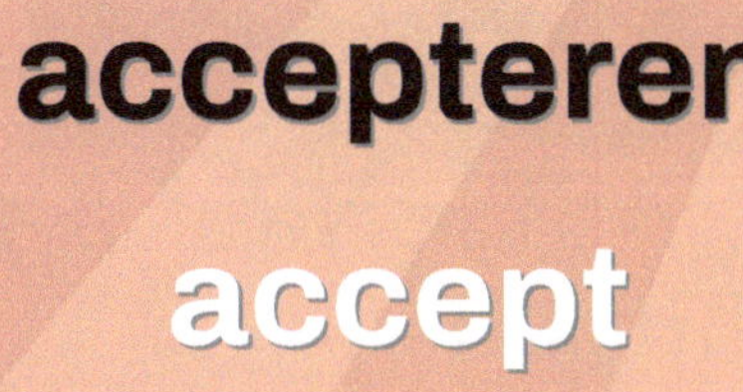

weigeren

refuse

identiek

identical

verschillend

different

droog

dry

nat

wet

speelgoed

toys

bal

ball

blokken

blocks

robots

robots

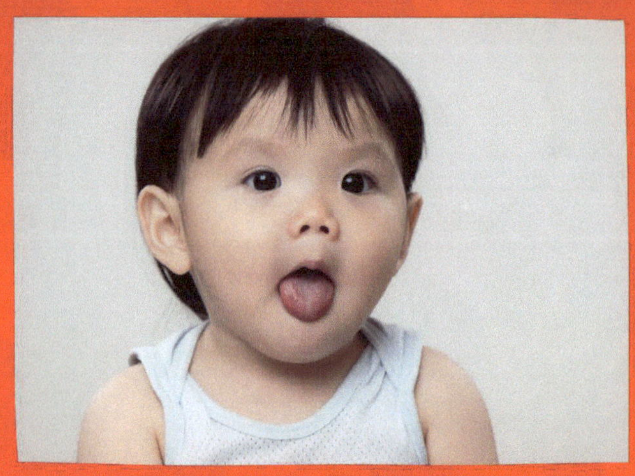

tong

tongue

neus

nose

haar

hair

snor

moustache

vingers

fingers

arm

arm

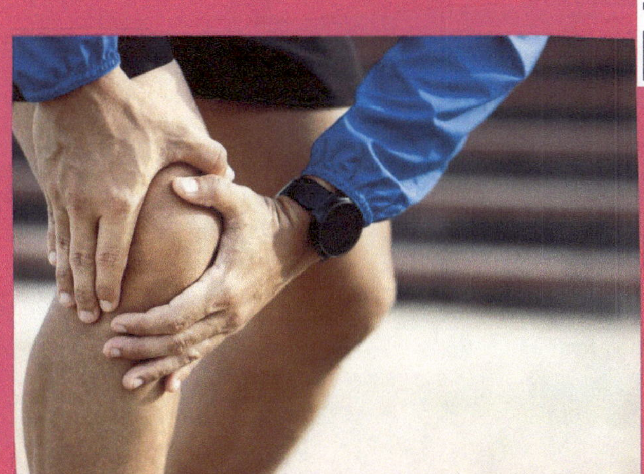

knie

knee

elleboog

elbow

glimlachen

smile

kus

kiss

huilen

cry

pijn

pain

lichaam

body

rug

back

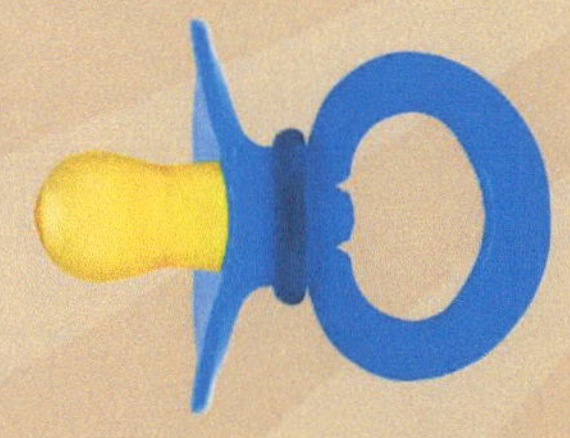

speen

🇺🇸 pacifier

🇬🇧 dummy

kinderstoeltje

high chair

zeep

soap

tandenborstel

toothbrush

handdoek

towel

potje

potty

ring

ring

armband

bracelet

halsketting

necklace

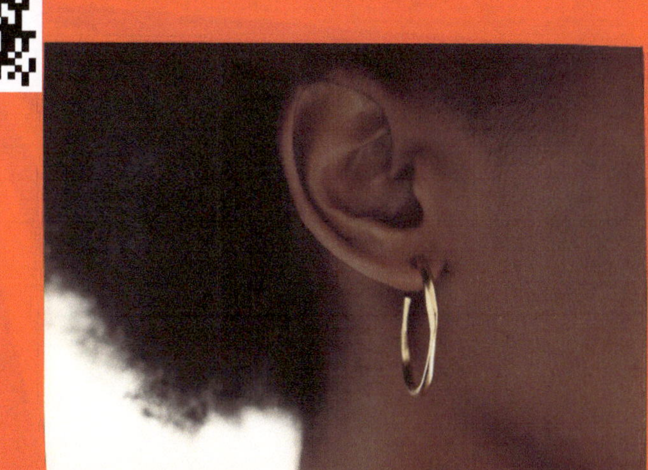

oorbel

earring

chocolade

chocolate

popcorn

popcorn

jam

jam

geroosterd brood

toast

honing

honey

boter

butter

brood

bread

ijsje

ice cream

griesmeel

semolina

rijst

rice

pasta

pasta

soep

soup

melk

milk

water

water

sap

juice

kiwi

kiwi

framboos

raspberry

grapefruit

grapefruit

meloen

melon

pruim

plum

abrikoos

apricot

granaatappel

pomegranate

vijg

fig

bosbes

blueberry

veenbes

cranberry

kaki

persimmon

lychee

lychee

fruit

fruits

groenten

vegetables

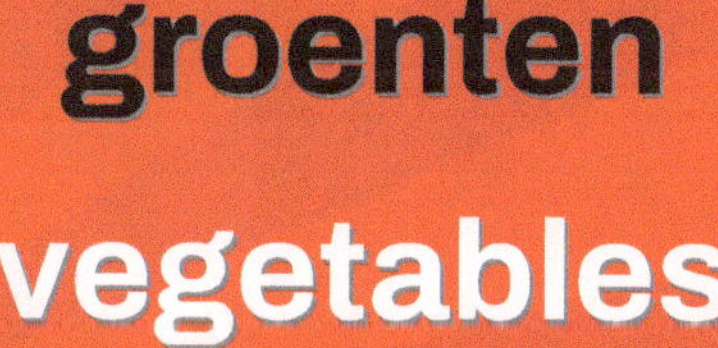

avocado

avocado

sperzieboon

green bean

broccoli

broccoli

aubergine

eggplant

erwten

peas

paprika

bell pepper

biet

🇺🇸 **beet**
🇬🇧 **beetroot**

sla

lettuce

andijvie

endive

artisjok

artichoke

prei

leek

ui

onion

knoflook

garlic

gember

ginger

walnoten

walnuts

amandel

almond

pistache

pistachio

cashewnoot

cashew

www.ingramcontent.com/pod-product-compliance
Lightning Source LLC
Chambersburg PA
CBHW042104110726
48006CB00002B/515